YUBISASHI
なりきり会話練習帳

中国
食べ歩き

情報センター出版局

〈この本の楽しみ方〉

中国旅行を計画しているあなた、
遊び感覚で会話練習をしてみましょう。

マークのあるページは、2人で日本人観光客役と中国人役に"なりきって"会話遊びを楽しめます。

赤と緑のフィルムをお持ちであれば、本格的な暗記学習も可能です。

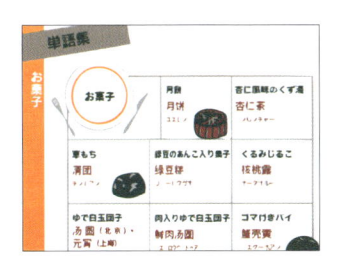

シーンごとの関連単語が巻末にまとまっています。

もちろん現地で、ページを指さすだけで会話ができる〈指さし会話帳〉としても使えます。

YUBISASHI
なりきり会話練習帳
中国 食べ歩き
content

ごはんを食べよう	……………………	8
お店選び1	……………………	10
お店選び2	……………………	12
入店・受付	……………………	14
メニュー1	……………………	16
メニュー2	……………………	18
魚介料理	……………………	20
肉・卵料理	……………………	22
野菜料理	……………………	24
鍋	……………………	26
スープ	……………………	28
お酒	……………………	30
味の感想	……………………	32
追加オーダー1	……………………	34
追加オーダー2	……………………	36

支払い・お勘定1 …………………………… 38
支払い・お勘定2 …………………………… 40

中国茶 ……………………………………… 42
飲み物 ……………………………………… 44
お菓子 ……………………………………… 46

宮廷料理 …………………………………… 48
各地料理 …………………………………… 50
買い食い …………………………………… 52

フルーツ …………………………………… 54
調味料 ……………………………………… 56

単語集

料理
各地料理　58
各国料理　60

お酒
お酒　61

食材
生鮮食料品　63
野菜　66
乾物・調味料　69

お菓子
お菓子　72

単位・数字他
味の表現　63
単位　77
数字　78

シシカバブ	羊肉串	ヤンロウチュアン
フカヒレ	鱼翅	イーチー
ラーメン	拉面	ラーミエン
ちまき	粽子	ツォンズ
マーボ豆腐の名店	陈麻婆豆腐	チェンマーボードウフー
四川火鍋	四川火锅	スーチュアンフオグオ
マオタイ酒	茅台酒	マオタイジュウ
子豚の丸焼き	茅台酒	マオタイジュウ

●新疆
シルクロー
西南
●昆

甘栗	糖炒栗子	タンチャオリーズ
満漢全席	满汉全席	マンハンチュエンシー
羊のしゃぶしゃぶ	涮羊肉	シュアンヤンロウ
ジャージャー麺	炸酱面	チャージアンミエン
刀削麺	刀削麺	タオシアオミエン
上海ガニ	大闸蟹	ターヂャーシエ
ショウロンポー	小笼包	シアオロンパオ
タンタン麺	担担面	タンタンミエン
飲茶	饮茶	インチャー

地名：黑龙江、北方、北京、天津、中原、上海、華東、成都、江中下流、華南、広州、香港

7

ごはんを食べよう

空腹です
饿了
ウーラ

食べました
吃过了
チーグオラ

まだです
还没吃
ハイメイチー

ご飯は食べましたか？
你吃饭了吗？
ニーチーファンラマ

ありがとう
好的，谢谢
ハオダシエシエ

いえ、結構です
不要，谢谢
プーヤオシエシエ

私がごちそうします
我请客
ウオチンクー

ご飯を食べに行きましょう
咱们一起去吃饭吧
ザンメンイーチチューチーファンバ

お茶を飲みに行きましょう
咱们一起去喝茶吧
ザンメンイーチチューホーチャーバ

お酒を飲みに行きましょう
咱么一起去喝酒吧
ザンメンイーチチューホージョウバ

ご飯は食べましたか？
你吃饭了吗？
ニーチーファンラマ

食べました
吃过了
チーグオラ

まだです
还没吃
ハイメイチー

空腹です
饿了
ウーラ

私がごちそうします
我请客
ウオチンクー

ご飯を食べに行きましょう
咱们一起去吃饭吧
ザンメンイーチチューチーファンバ

ありがとう
好的，谢谢
ハオダシエシエ

お茶を飲みに行きましょう
咱们一起去喝茶吧
ザンメンイーチチューホーチャーバ

いえ、結構です
不要，谢谢
プーヤオシエシエ

お酒を飲みに行きましょう
咱么一起去喝酒吧
ザンメンイーチチューホージョウバ

料理

お酒

食材

乾物・調味料

お菓子

単位・数字他

お店選び 1

何が食べたいですか？
你想吃什么？
ニーシァンチーシエンマ

～が食べたい
我想吃～
ウォーシァンチー

～が美味しいお店はどこですか？
～好吃的是哪家？
ハオチーダシーネージャー

今一番流行っているお店はどこですか？
现在在当地最火的餐厅是哪家？
シェンザイザイダンディーズイフォダツァンティンシーネージャ

予約は必要ですか？
要不要预定？
ヤオブヤオユィーティン

いりません
不必
ブーピー

要予約
要预定
ヤオユィディン

安くて美味しいお店を教えてください
请告诉我又便宜又好吃的店
チンガオスウォーヨウピェンイーヨウハオチーダディエン

旬のものを食べるなら何がいいですか？
如果吃时鲜菜，您推荐什么？
ルーグゥオチーシーシェンツァイ　ニントゥジェンシェンマ

何が食べたいですか？
你想吃什么？
ニーシャンチーシエンマ

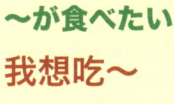

～が食べたい
我想吃～
ウォーシャンチー

～が美味しいお店はどこですか？
～好吃的是哪家？
ハオチーダシーネージャー

今一番流行っているお店はどこですか？
现在在当地最火的餐厅是哪家？
シェンザイザイダンディーズイフォダツァンティンシーネージャ

予約は必要ですか？
要不要预定？
ヤオブヤオユィーティン

いりません
不必
ブーピー

要予約
要预定
ヤオユィディン

安くて美味しいお店を教えてください
请告诉我又便宜又好吃的店
チンガオスウォーヨウピェンイーヨウハオチーダディエン

旬のものを食べるなら何がいいですか？
如果吃时鲜菜，您推荐什么？
ルーグゥオチーシーシェンツァイ　ニントゥジェンシェンマ

料理 ／ お酒 ／ 食材 ／ 乾物・調味料 ／ お菓子 ／ 単位・数字他

お店選び2

〜を教えてください
请教我〜
チンジァオウォー

書いて下さい
请写一下
チンシエイーシア

地元で流行ってる料理
当地流行的菜
ダンディーリウシンダツァイ

新しい店
新开的店
シンカイダディエン

老舗
老店
ラオディエン

ガイジンに人気の店
受外国人欢迎的店
ショウワイクオレンホアンインダディエン

豪華な雰囲気の店
气氛豪华的店
チーフェンハオホアダディエン

接待むきの店
适合招待客人的店
シーホーヂャオダイクーレンダディエン

安くておいしい店
又便宜又好吃的店
ヨウピエンイーヨウハオチーダディエン

落ち着いた雰囲気の店
气氛优雅的店
チーフェンヨウヤーダディエン

デート向けの店
适合和女(男)朋友去的店
シーホーホーニュー(ナン)ポンヨウチューダディエン

にぎやかな店
气氛热闹的店
チーフェンルーナオダディエン

食堂	屋台	レストラン	軽食店
饭馆	小摊子・大排档	餐厅・酒楼	小吃店
ファングァン	シャオタンズ ダーパイダン	ツァンティン ジウロウ	シャオチーディエン

麺屋	餃子屋	鍋専門店	中国茶店
面馆	饺子馆	火锅店	茶楼・茶艺楼
ミエングァン	ジャオズグァン	フオグオディエン	チャーロウ チャーイーロウ

喫茶店	バー
咖啡店	酒吧
カーフェイグァン	ジウバー

四川料理	広東料理	北京料理	湖南料理
川菜馆	粤菜馆	京菜馆	湘菜馆
チュアンツァイグァン	ユエツァイグァン	ジンツァイグァン	シアンツァイグァン

料理 | お酒 | 食材 | 乾物・調味料 | お菓子 | 単位・数字他

入店・受付

何人ですか？
您几位？
ニンジーウェイ

タバコを吸いますか？
吸烟吗？
シーイエンマ

~人です
~个人
ガレン

1 一 イー	2 两 リァン
3 三 サン	4 四 スー

吸います
吸烟
シーイエン

吸いません
不吸烟
ブーシーイエン

何人ですか？
您几位？
ニンジーウェイ

～人です
～个人
ガレン

タバコを吸いますか？
吸烟吗？
シーイエンマ

1	2
一	两
イー	リァン
3	4
三	四
サン	スー

吸います	吸いません
吸烟	不吸烟
シーイエン	ブーシーイエン

料理

お酒

食材

乾物・調味料

お菓子

単位・数字他

メニュー1

メニューを見せてください
请给我看看菜单
チンゲイウォーカンカンツァイタン

注文をしたいのですが
点菜
ディエンツァイ

(指さしながら) これをください
给我这个
ゲイウォーヂョーガ

お酒のメニューをみせてください
请给我看看酒单
チンゲイウォーカンカンジウダン

(人の食べているのを見て)
あれはなんですか？
那是什么？
ナーシーシエンマ

(あのテーブルのものと)
同じのをください
给我一样的吧
ゲイウォーイーヤンダバ

これはありますか？
有没有这个？
ヨウメイヨウヂョーガ

これはできますか？
能不能做这个？
ヌンブヌンズオヂョーガ

あります	ありません	できます	できません
有	没有	能做	不能做
ヨウ	メイヨウ	ヌンズオ	ブーヌンズオ

前菜	魚介類	肉・家禽・卵料理
冷盆	河鲜，海鲜类	肉类，家禽，蛋类
ルンパン	ホーシェン、ハイシェンレイ	ロウレイ　ジャーチン　タンレイ

野菜料理	なべもの	スープ・土鍋料理	麺・ご飯もの
蔬菜	火锅	汤，砂锅	面饭类
シューツァイ	フォグォ	タン、シャーグォー	ミェンファンルイ

	酒	飲み物
	酒	饮料
	ジョウ	インリァオ

料理

お酒

食材

乾物・調味料

お菓子

単位・数字他

メニュー2

これはどうやって食べるんですか？
这个怎么吃？
ヂョーガゼンマチー

〜は入れないでください
请不要放〜
チンブーヤオファン

〜を多めに入れてください
多放点〜
ドゥオファンディエン

〜は控えめにしてください
少放点〜
シャオファンディエン

香菜	ニンニク	唐辛子	化学調味料
香菜	大蒜	辣椒	味精
シャンツァイ	ダースアン	ラージャオ	ウェイジン

料理

オススメ料理は何ですか？
你们的拿手菜是什么？
ニーメンダナーショウツァイシーシェンマ

(本を指さして)これが食べたい
我想吃这个
ウォシアンチーヂョーガ

お酒

食材

乾物・調味料

お菓子

何品頼めばちょうどいいですか？
我点几个菜好呢？
ウォーディエンジーガツァイハオナ

この料理ははやく出来ますか？
这个菜上得快吗？
ヂョーガツァイシャンダクァイマ

単位・数字他

魚介料理

一尾、何斤くらいですか
一条大概有几斤?
イーティアオ ダーガイ ヨウジージン

一斤で何個くらいですか？
一斤有几个？
イージン ヨウ ジーガ

これは海のものですか？
川のものですか？
这是海里的还是河里的？
ヂョーシーハイリーダ ハオイシーホーリーダ

今が旬の海鮮はどれですか？
现在正是季节的海鲜是哪个？
シエンザイチョンシジジェダハイシエン シー ネーガ

どんな調理法がありますか？	おすすめの料理法は何ですか？
怎么个烧法？	最好怎么烧？
ゼン マ ガ ジャオ ファー	ズイ ハオ ゼン マ シャオ

酒蒸し	炒める	刺身	トウチ蒸し	ネギショウガ炒め
清蒸	滑炒	刺身	豆豉蒸	葱姜炒
チンヂョン	ホア チャオ	ツー ジェン	トウクーヂェン	ツォン ジャン チャオ
揚げ焼き	ピリカラソース炒め		唐揚げの山椒塩添え	
干煎	豆瓣		椒盐	
ガンジェン	トウパン		ジャオ イエン	
スープ仕立て		甘辛煮	茹でる	
滚烫		红烧	水煮	
グンタン		ホンシャオ	シュイヂュー	

料理

お酒

食材

乾物・調味料

お菓子

単位・数字他

肉・卵料理

（指さしながら）この料理はできますか？
这个菜能不能做？
ヂョーガツァイヌンブヌンズオ

できる	できない
能做	不能做
ヌンズオ	ブーマンズオ

これは塩味ですか？醤油味ですか？
这是盐味还是酱油味？
ヂョーシーイエンウェイハイシージアンヨウウェイ

この料理は辛いですか？
这个菜辣不辣？
ヂョーガ　ツァイラーブラー

化学調味料を少なくしてください
味精少放点
ウェイジンシャオファンディエン

あまり辛くしないでください
请不要做得太辣
チンブーヤオツォドタイラー

おすすめ料理は何ですか？
你们的招牌菜是什么？
ニーメンダ　ヂャオパイ　ツァイ　シーシェンマ

あの人が食べているものは何ですか？
他吃的是什么？
ターチーダシーシェンマ

量が足りなければまた頼みます
不够再点
ブーゴウザイディエン

ご飯を先に持ってきてください
先给我上米饭
シェンゲイウォーシャンミーファン

料理

お酒

食材

乾物・調味料

お菓子

単位・数字他

野菜料理

今日入荷の野菜は何ですか？
今天有什么蔬菜？
ジンティエンヨウシェンマシューツァイ

季節の野菜を教えてください
请告诉我现在的季节蔬菜
チンガオスウォーシエンザイダジジェシューツァイ

味付けは	炒める	単独で炒める	ニンニク入り
どうしますか？	炒	清炒	放蒜茸
怎么烧？	チャオ	チンチャオ	ファンスアンロン
ゼンマジャオ			
和えもの	甘辛味で炒め煮	スープ	茹でる煮る
凉拌	红烧	汤	煮
リアンバン	ホンシャオ	タン	デュー

料理

お酒

食材

乾物・調味料

お菓子

単位・数字他

鍋

この鍋は辛いですか？
这个火锅辣不辣？
ヂョーガフオグオラーブラー

どうやって食べるんですか？
这个火锅怎么吃？
ヂョーガフオグオゼンマチー

〜をもっと入れてください
多放点〜
ドゥオファンディエン

〜は少しだけにしてください
少放点〜
シャオファンディエン

足りなければまた頼みます
不够再点
ブーゴウザイディエン

ラー油	香菜	お酢
红油	香菜	醋
ホンヨウ	シアンツァイ	ツー
サテソース	ピーナッツペースト	ゴマペースト
沙茶酱	花生酱	芝麻酱
シャーチャージャン	ホアシュンジャン	ヂーマージャン

スープ

これは1人前ですか？ 数人分ですか？
这是一个人的分，还是数人分？
ヂョーシーイーガレンダフェン、ハイシースーレンフェン

大体何人分ですか？
是几个人吃的？
シージーガレンチーダ

お椀とれんげをください
请给我小碗和汤匙
チンゲイウォーシャオワンホータンシー

1人前です
是一个人的分
シーイーレンダフェン

数人分です
是数人分
シースーレンフェン

これは１人前ですか？　数人分ですか？
这是一个人的分，还是数人分？
ヂョーシーイーガレンダフェン、ハイシースーレンフェン

１人前です
是一个人的分
シーイーレンフェン

大体何人分ですか？
是几个人吃的？
シージーガレンチーダ

数人分です
是数人分
シースーレンフェン

お椀とれんげをください
请给我小碗和汤匙
チンゲイウォーシャオワンホータンシー

料理

お酒

食材

乾物・調味料

お菓子

単位・数字他

お酒

お酒は飲めますか？
你能喝酒吗？
ニーヌンホージウマ

飲めます	少し
能喝	能喝点
ヌンホー	ヌンホーディエン
全くダメ	底なし
不能喝	海量
ブーヌンホー	ハイリアン

（レストランで）
私は飲めないので、お茶でいいです
我不会喝酒，就喝茶吧
ウォーブーホイホージウ　ジウホーチャバ

この酒のアルコール度数は高いですか？
这个酒的酒劲大吗？
ヂョーガジウダジウジンダーマ

この料理に合う酒を教えてください
請告訴我和这个菜配合的酒
チンガオスウォホーヂョーガツアイパイホーダジウ

もっと冷えたのをください
给我冰一点的吧
ゲイウォービンイーディエンダバ

料理

お酒

食材

乾物・調味料

お菓子

単位・数字他

味の感想

私は食べます（いただきます）
我吃
ウオチー

これは初めて食べました
这个菜我第一次吃
ヂョーガツァイウォーディーイーツーチー

乾杯！
干杯！
カンペイ

おいしい
好吃
ハオチー

まあまあ
还可以
ハイクーイー

味はどうですか？
味道怎么样？
ウエイダオゼンマヤン

お初の味に挑戦してみる、味を見る
尝尝味道
チャンチャンウェイダオ

まずい
不好吃
ブーハオチー

食べられる
吃得来
チーダライ

食べられない
吃不来
チーブライ

料理

お酒

食材

乾物・調味料

お菓子

単位・数字他

追加オーダー1

料理は足りてますか？
菜够不够？
ツァイゴウブゴウ

もっと召し上がれ
你多吃点
ニードゥオヂーディエン

たくさん食べてくださいね
多吃一点
ドゥオチーイーディエン

おなかいっぱいです
我吃饱了
ウォーチーパオラ

どうぞ食べてみてください
请尝尝味道
チンチャンチャンウェイダオ

あなたは〜が好きですか？
你喜欢〜吗？
ニーシーホァン　マ

好きです	嫌いです
喜欢	不喜欢
シーホァン	ブーシーホァン

料理は足りてますか？
菜够不够？
ツァイゴウブゴウ

もっと召し上がれ
你多吃点
ニードゥオチーディエン

たくさん食べてくださいね
多吃一点
ドゥオチーイーディエン

おなかいっぱいです
我吃饱了
ウォーチーパオラ

どうぞ食べてみてください
请尝尝味道
チンチャンチャンウェイダオ

あなたは～が好きですか？
你喜欢～吗？
ニーシーホァン　マ

好きです	嫌いです
喜欢	不喜欢
シーホァン	ブーシーホァン

料理

お酒

食材

乾物・調味料

お菓子

単位・数字他

35

追加オーダー2

これは注文してません
我没点这个
ウォーメイディエンヂョーガ

小皿(お椀)をください
请给我小盘(小碗)
チンゲイウォーシァオペン(シァオワン)

小皿(お椀)を取り替えてください
请给我换小盘(小碗)
チンゲンウォーホアンシァオペン(シァオワン)

お箸を落としました、
新しいのをください
**我的筷子掉了，
再给我一双**
ウォーダクアイズディアオラ
ザイゲイウォーイーシュアン

| 料理 | お酒 | 食材 | 乾物・調味料 | お菓子 | 単位・数字他 |

紙ナプキンはありますか？
有餐巾纸吗？
ヨウツァンジンヂーマ

デーブルをふいてください
请给我擦擦桌子
チンゲイウォーツァーツァヂョーズ

(素材が古くて)
味が変です。取りかえて下さい
这味道不对，给我换别的
ヂョーウエイダオ　ブードゥイ　ゲイウォー　ホアンビエダ

中が生です。
ちゃんと火を通してください
这没熟，请再烧熟
ヂョーメイショー　チンザイショオショウ

支払い・お勘定 1

お会計をお願いします
买单 / 结账
マイダン　ジエヂャン

クレジットカードは使えますか？
能不能用信用卡？
ヌンブヌンヨンシンヨンカー

使えます
能用
ヌンヨン

現金です
付现金
フーシエンジン

おつりが足りません
找钱不够
ヂャオチエンブゴウ

書いてください
请写一下
チンシエイーシア

38

お会計をお願いします
买单 / 结账
マイダン　ジエヂャン

クレジットカードは使えますか？
能不能用信用卡？
ヌンブヌンヨンシンヨンカー

使えます
能用
ヌンヨン

現金です
付现金
フーシエンジン

おつりが足りません
找钱不够
ヂャオチエンブゴウ

書いてください
请写一下
チンシエイーシア

料理／お酒／食材／乾物・調味料／お菓子／単位・数字他

支払い・お勘定 2

今日は私がご馳走します
今天我请客
ジンディエンウォーチンクー

では、次回は私に払わせてください。いいですね
那么，下次我请你好吧
ナマシアツーウォーチンニーハオバ

恐縮です
不好意思
ブーハオイース

いけません、私が払います
不行，我来
ブシン　ウォーライ

とてもおいしかったです、ありがとう
菜很好吃，谢谢你
ツァイハンハオチーシエシエニー

今日はとても楽しいひとひときをありがとうございます
今天过得很开心，非常感谢
ジンディエングオダハンカイシンフェイチャンガンシエ

今日は私がご馳走します
今天我请客
ジンディエンウォーチンクー

恐縮です
不好意思
ブーハオイース

では、次回は私に払わせてください。いいですね
那么，下次我请你好吧
ナマシアツーウォーチンニーハオバ

いけません、私が払います
不行，我来
ブシン　ウォーライ

とてもおいしかったです、ありがとう
菜很好吃，谢谢你
ツァイハンハオチーシエシエニー

今日はとても楽しいひとひとときをありがとうございます
今天过得很开心，非常感谢
ジンディエングオダハンカイシンフェイチャンガンシエ

料理 お酒 食材 乾物・調味料 お菓子 単位・数字他

中国茶

新茶はありますか？
有没有新茶？
ヨメイヨウシンチャー

いれ方を教えてください
请教我怎么泡
チンジャオウォーゼンマパオ

このお茶と一番合うお菓子はどれですか？
最配这个茶的点心是哪个？
ツェイペイヂョーガタダ　ディエンシン　シーネーガ

急須と湯飲み
茶壶和茶杯
チャーフーホーチャーベイ

お茶うけ
茶点
チャーディエン

> このお茶をください
> 请给我这个茶
> チンゲイウォーヂョーガチャー

500 グラム	250 グラム	100 グラム	50 グラム
一斤	半斤	一百克	一两
イージン	バンジン	イーバイクー	イーリアン

ジャスミン茶	緑茶	ウーロン茶	プーアール茶
茉莉花茶	绿茶	乌龙茶	普洱茶
モーリーホアチャー	リューチャー	ウーロンチャー	プーアールチャー
菊花茶	麦茶	フルーツティ	八宝茶
菊花茶	大麦茶	水果茶	八宝茶
ジューホアチャー	ダーマイチャー	シュイグオチャー	バーパオチャー
工芸茶	花茶	センニチコウ	ハイビスカス
工艺茶	花茶	千日红	玫瑰茄
ゴンイーチャー	ホアチャー	チェンリーホン	メイグイチエ

料理 / お酒 / 食材 / 乾物・調味料 / お菓子 / 単位・数字他

飲み物

何を飲みますか？
你喝什么？
ニーホーシエンマ

のどが渇いた
口渴了
コウカーラ

これが飲みたいです
我要喝这个
ウォーヤオホーヂョーガ

暖かい飲み物	冷たい飲み物
热饮	**冷饮**
ルーイン	ルンイン

コーヒー 咖啡 カーフェイ	アイスコーヒー 冰咖啡 ビンカーフェイ	カフェオレ 牛奶咖啡 ニウナイカーフェイ	カプチーノ 卡布切诺 カーブーチエヌオ
エスプレッソ 意式咖啡 イーシーカーフェイ	紅茶 红茶 ホンチャー	ミルクティー 奶茶 ナイチャー	レモンティー 柠檬茶 ニンモンチャー
アイスティー 冰红茶 ビンホンチャー	アップルティー 苹果红茶 ピングオホンチャー	ココア 可可 クークー	ホットチョコレート 热巧克力 ルーチャオクーリー
牛乳 牛奶 ニウナイ	ミネラルウォーター 矿泉水 クアンチュエンシュイ	エビアン 依云 イーユィン	ペリエ 巴黎水 バーリーシュイ
北氷洋ソーダ 北冰洋汽水 ベイビンヤンチーシュイ	塩ソーダ 盐汽水 イエンチーシュイ	酸梅湯 酸梅汤 スアンメイタン	オバルティン 阿华田 アーホアティエン
ジュース 果汁 グオヂー	オレンジジュース 橙汁 チョンヂー	リンゴジュース 苹果汁 ピンクオヂー	ナツメジュース 酸枣汁 スアンザオヂー
ココナツジュース 椰子汁 イエズヂー	ミリンダ 美年达 メイニエンダー	コカコーラ 可口可乐 クーコウクールー	ペプシコーラ 百事可乐 バイシークールー
セブンアップ 七喜 チーシー	スプライト 雪碧 シュエビー	ジンジャーエール 干姜汁 ガンジャンヂー	酸梅湯ソーダ 乌梅汁 ウーメイヂー

料理 / お酒 / 食材 / 乾物・調味料 / お菓子 / 単位・数字他

お菓子

これは甘いですか？　塩味ですか？
这是甜的还是咸的？
ヂョーシーティエンダハイシーシエンダ

中には何が入ってますか？
里边是什么？
リービエンシーシエンマ

これを〜個ください
请给我〜个
チンゲイウォー　ガ

持ち帰りしたいのですが？
我想带走，可以吗？
ウォーシャンダイゾウコイマ

できます	できません
能	不能
ヌン	ブーヌン

バラ売りはできますか？
这能散卖吗？
ヂョーヌンサンマイマ

料理

お酒

食材

乾物・調味料

お菓子

単位・数字他

宮廷料理

このコースは予約が必要ですか？
这个套餐需要预定吗？
ヂョーガタオサイシューヤオ　ユイディンマ

このコース料理は何人から食べられますか？
这个套餐最少几个人能吃？
ヂョーガタオサンズイシャオジーガレンノンチー

個室はありますか？
有没有包间？
ヨウメイヨウポオジエン

あります	ありません
有	没有
ヨウ	メイヨウ

(個室予約の時)食事代はいくらからですか？
最低消费是多少钱？
ズイディシャオフェイシードゥオシャオチエン

料理

宮廷点心	フカヒレ	大エビ	ツバメの巣	熊の手
宮廷点心	鱼翅	大虾	燕窝	熊掌
ゴンティンディエンシン	ユィーチー	ダーシア	イエンウォー	シオンヂャン

らくだの手	尾頭付きの魚	イカの卵スープ	ひき肉の ごま付きパン詰め
驼掌	整条鱼	目鱼蛋汤	肉末烧饼
トゥオヂャン	ヂョンティアオユィー	ムーユィーダンタン	ロウモオシャオビン

ココナッツ団子	白インゲンのお菓子	宮廷風の ミルクプリン
爱窝窝	芸豆卷	奶酪
アイウォーウォー	ユインドウジュエン	ナイラオ

小さなとうもろこし 蒸しパン		ナッツあん入りお菓子
小窝头		奶勃勃
シアオウォートウ		ナイボーボ

お酒

食材

乾物・調味料

お菓子

単位・数字他

各地料理

この地方の料理の特色は何ですか？
这个地方菜的特点是什么？
ヂョーガディーファンツァイダ　トゥーディエン　シーシェンマ

オススメ料理を教えてください
你们的招牌菜是什么？
ニーメンダヂャオパイツァイシーシェンマ

この料理は辛いですか？
这个菜辣不辣？
ヂョーガツァイラーブラー

ウィグル料理	湖南料理
新疆菜	湖南菜
シンジアンツァイ	フーナンツァイ
四川料理	雲南料理
四川菜	云南菜
スーチュアンツァイ	ユインナンツァイ

料理

これはこのレストランの名物です
这是这里的招牌菜
ヂョーシーヂョーリーダヂャオパイツァイ

～料理のおいしい店はどこですか？
～菜好吃的是哪家？
ツァイハオチーダシーナージア

これは～料理の名物です
这是～名菜
ヂョーシー　ミンツァイ

イスラム料理	北京料理	東北料理	山東料理
清真菜	北京菜	东北菜	山东菜
チンヂョンツァイ	ベイジンツァイ	ドンベイツァイ	シャンドンツァイ
揚州料理	上海料理	東坡肉	福建料理
扬州菜	上海菜	东坡肉	福建菜
ヤンヂョウツァイ	シャンハイツァイ	トンポーロウ	フージエンツァイ

買い食い

これを〜個ください
给我〜个
ゲイウォー　ガ

これはどこの地方のものですか？
这是哪里的食品？
ヂョーシーナーリーダシーピン

これは何ですか？
这是什么？
ヂョーシーシェンマ

割ばしをください
请给我卫生筷
チンゲイウォーウェイションクアイ

唐辛子みそはいりません
不要辣椒酱
ブーヤオラージャオジャン

香菜は入れないでください
请不要放香菜
チンブーヤオファンシャンツァイ

持ち帰りはできますか？
能带走吗？
ヌンダイゾウマ

羊のシシカバブ	焼きソーセージ	いか焼き
羊肉串	烤香肠	目鱼串
ヤンロウチュアン	カオシアンチャン	ムーユィーチュアン
中国風パン	タネ	緑豆餅の油焼き
大饼	瓜子	炸绿豆饼
ダービン	グアズ	ジャアリュイドウビーン
杏仁のくず湯	おぼろ豆腐	ゆでとうもろこし
杏仁茶	豆腐脑	玉米
シンレンチャー	ドウフナオ	ユィーミー
甘栗	牛肉のお焼き	ゴマ付きパン
糖炒栗子	牛肉烧饼	烧饼
タンチャオリーズ	ニウロウシャオビン	シャオビン
ゆで卵のお茶煮	揚げまんじゅう	かき氷
茶叶蛋	炸糕	刨冰
チャーイエダン	チャーガオ	バオビン
コンビニおでん	アヒルの肝の薫製	串焼き
熬点	鸭屯肝	烤肉鱼串
アオディエン	ヤートゥンガン	カオロウユィーチュアン
精進ハム	精進アヒルのロースト	味付け押し豆腐
素火腿	素鸭	豆腐干
スウフォトゥイ	スゥヤー	トウフガン
ネギパイ	ゆで落花生	赤砂糖入りデニッシュ
葱油饼	煮花生	糖盒酥
ツォンヨウビン	ジューホアション	タンホースウ

料理

お酒

食材

乾物・調味料

お菓子

単位・数字他

フルーツ

〜斤ください
给我〜斤
ゲイウォー　ジン

斤いくらですか？
多少钱一斤？
ドゥオシャオチエンイージン

どうやって食べるんですか？
怎么吃？
ゼンマチー

試食はできますか？
能不能尝尝味道？
ヌンブヌンチャンチャンウエイダオ

これはなんという果物ですか？
这个水果叫什么？
ヂョーガシュイグオジアオシェンマ

りんご 苹果 ピングオ	いちご 草莓 ツァオメイ	オレンジ 橙子 チョンズ	ぶどう 葡萄 プータオ	桃 桃子 タオズ
バントウ 蟠桃 パントウ	ロンガン 龙眼 ロンイエン	ヤマモモ 杨梅 ヤンメイ	ネクタリン 油桃 ヨウタオ	サクランボ 樱桃 インタオ
なし 梨 リー	ハスの実 莲子 リエンズ	なつめ 枣子 ザオズ	レモン 柠檬 ニンムン	すいか 西瓜 シーグア
ハミウリ 哈密瓜 ハーミーグア	エリザベスメロン 伊丽莎白 イリシャバイ	柿 柿子 シーズ	パパイヤ 木瓜 ムーグア	マンゴー 芒果 マングオ
マンゴスチン 山竹 シャンヂュー	甘栗 糖炒栗子 タンチャオリーズ	スモモ 李子 リーズ	メロン 哈密瓜 ハーミーグア	あんず 杏子 シンズ
クルミ 胡桃 フータオ	カイドウ 海棠 ハイタン	食用ほおずき 香姑娘 シャングーニャン	みかん 橘子 ジューズ	パイナップル 菠萝 ボールオ
サンザシ 山楂 シャンヂャー	キウイ 猕猴桃 ミーホウタオ	ブラックカラント 黑加仑 ヘイジャールン		梅 梅子 メイズ

料理 / お酒 / 食材 / 乾物・調味料 / お菓子 / 単位・数字他

調味料

どんな料理に使うんですか？
这是做什么菜用的？
ヂョーシーズオシェンマツァイヨンガ

(乾物の)戻し方を教えてください
请告诉我怎么泡？
チンガオスウォーゼンマパオ

これはどこの特産ですか？
这是那里的特产？
ヂョーシーナーリーダトゥーチャン

干し椎茸	干しえび・小さし	醤油	たまり醤油
香菇	虾米・开洋	酱油	老抽
シャングー	シアミー　カイヤン	ジャンヨウ	ラオヂョウ
料理酒	塩	砂糖	化学調味料
料酒	盐	糖	味精
リァオヂウ	イエン	タン	ウェイジン
鶏スープの素	ごま油	黒酢	氷砂糖
鸡精	香油・麻油	香醋	冰糖
ジージン	シャンヨウ　マーヨウ	シャンツウ	ビンタン

これを〜ください	〜瓶	〜袋	〜グラム	〜個
请给我〜这个	〜瓶	〜袋	〜克	〜个
チンゲイウォー　ヂョーガ	ピッ	ダイ	クー	ガ

みそ	ウースターソース	ゴマペースト
黄酱	辣酱油	麻酱
ホアンジャン	ラージャンヨウ	マージャン

ニラの花の塩漬けペースト
韭菜花
ジウツァイホア

料理

お酒

食材

乾物・調味料

お菓子

単位・数字他

単語集

料理

各地料理

ウィグル料理
新疆菜
シンジァンツァイ

羊の串焼き
羊肉串
ヤッロウチュアン

ウィグル風パスタのトマト炒め
面片
ミエンピエン

湖南料理
湖南菜
フーナンツァイ

中国ハムの蜜漬け
蜜汁火腿
ミーヂーフオトゥイ

鶏肉のとうがらし炒め
辣子鸡
ラーズジー

四川料理
四川菜
スーチュアンツァイ

マーボー豆腐
麻婆豆腐
マーポードウフ

アヒルの薫製の丸揚げ
樟茶鸡
ヂャンチャーヤー

雲南料理
云南菜
ユインナンツァイ

パイナップルチャーハン
菠萝炒饭
ボールオチャオファン

雲南風汁ビーフン
过桥米线
グオチャオミーシエン

北京料理
北京菜
ベイジンツァイ

北京ダック
北京烤鸭
ベイジンカオヤー

羊のしゃぶしゃぶ
涮羊肉
シュアンヤンロウ

東北料理
东北菜
ドンベイツァイ

松の実とコーンの炒め物
松仁玉米
ソンレンユィーミー

白菜の古漬けと魚の煮込み
酸菜鱼
スアンツァイユィー

各地料理

	山東料理 **山东菜** シャンドンツァイ	中国風カスタード **三不粘** サンブーヂャン
鯉の甘酢あんかけ **糖醋鲤鱼** タンツーリーユィー	揚州料理 **扬州菜** ヤンヂョウツァイ	ヒラコノシロの酒蒸し **清蒸鲥鱼** チンヂェンシーユィー	押し豆腐の千切りスープ **煮干丝** ヂューガンスー
上海料理 **上海菜** シャンハイツァイ	ショウロンポウ **小笼包** シャオロンポオ	上海ガニ **大闸蟹** ダーヂャーシエ
浙江料理 **浙江菜** ヂョージアンツァイ	東坡肉 **东坡肉** トンポーロウ	湯葉のひき肉巻揚げ **干榨响铃** ガンジャーシャンリン
福建料理 **福建菜** フージエンツァイ	仏跳墻 **佛跳墙** フォーティアオチアン	干した漬け葉とばら肉の煮込み **干菜扣肉** ガンツァイコウロウ
広東料理 **广东菜** グアンドンツァイ	子豚の丸焼き **脆皮乳猪** ツイピールーヂュー	ヤムチャ **饮茶** インチャー

料理 | お菓子 | 食材 | 乾物・調味料 | お菓子 | 単位・数字他

単語集

料理／お酒

各国料理

	日本料理 日本菜 リーベンツァイ	イタリア料理 意大利菜 イーダーリーツァイ
フランス料理 法国菜 フォーグオツァイ	ドイツ料理 徳国菜 ドーグオツァイ	メキシコ料理 墨西哥菜 モーシーグーツァイ
ブラジル料理 巴西菜 バーシーツァイ	韓国料理 韩国菜 ハングオツァイ	タイ料理 泰国菜 タイグオツァイ
ベトナム料理 越南菜 ユエナンツァイ	インド料理 印度菜 インドゥーツァイ	ホテルの レストラン 宾馆餐厅 ビングアンツァンティン
ビュッフェ 自助餐 ズーヂューツァン	ファーストフード 快餐 クアイツァン	精進料理店 素食店 スーシーディエン
テイクアウト 外卖 ワイマイ	デリカテッセン 熟食店 シューシーディエン	ビアホール 啤酒屋 ピージウウー

60

お酒

白酒	黄酒
白酒	黄酒
バイジョウ	ホアンジウ

二鍋頭	郎酒	紹興酒
二锅头	郎酒	绍兴酒
アールグオトウ	ランジウ	シャオシンジウ

花彫酒	マオタイ酒	大曲
花雕酒	茅台酒	大曲
ホアディアオジウ	マオタイジウ	ダーチュー

ビール	青島ビール	燕京ビール
啤酒	青岛啤酒	燕京啤酒
ピージウ	チンダオピージウ	イエンジンピージウ

上海ビール	光明ビール	サントリー
上海啤酒	光明啤酒	三得利
シャンハイピージウ	グアンミンピージウ	サンドゥーリー

バドワイザー	リーボ	タイガー
百威	力波	虎牌
バイウェイ	リーボ	フーパイ

料理　お酒　食材　乾物・調味料　お菓子　単位・数字他

単語集

お酒／食材

お酒	**生ビール**　扎啤／生啤（上海）　ヂャーピー、ションピー	
洋酒　洋酒　ヤンジウ	**赤ワイン**　红葡萄酒　ホンプータオジウ	**白ワイン**　白葡萄酒　バイプータオジウ
シャンパン　香槟酒　シアンビンジウ	**カクテル**　鸡尾酒　ジーウエイジウ	**ジン**　金酒　ジンジウ
ウォッカ　伏特加　フートゥジア	**ブランデー**　白兰地　バオランディ	**リキュール**　力娇酒　リージャオジウ
アペリティフ　开胃酒　カイウェイジウ	**ウイスキー**　威士忌　ウェイシージー	**オンザロック**　加冰　ジアービン
ストレート　不加冰水　ブージャービンシュイ	**水割り**　加水　ジアーシュイ	

生鮮食料品

肉・家禽・卵料理
肉类，家禽，蛋类
ロウレイ　ジャーチン　タンレイ

豚骨付き腿肉	豚ロース肉	豚レバー
蹄膀	大排	猪肝
ティーパン	ダーパイ	ヂューガン

豚バラ肉	豚スペアリブ	豚足	豚マメ
五花肉	排骨	猪脚	腰花
ウーホアロウ	パイグー	ヂュージャオ	ヤオホァ

豚フィレ	牛フィレ	ひき肉
里脊	非力	肉末
リージー	フェイリー	ロウモー

牛ロース	サーロイン	リブアイ	鶏もも肉
牛排	西冷	眼肉	鸡腿
ニウパイ	シールン	イエンロウ	ジートゥイ

鶏胸肉	ささ身	ハツ
鸡胸	鸡里脊	鸡心
ジーシオン	ジーリージー	ジーシン

料理　お酒　食材　乾物・調味料　お菓子　単位・数字他

単語集

食材

生鮮食料品

鶏レバー	鸡肝	ジーガン
ウコッケイ	乌骨鸡	ウーグージー
鳩	鸽子	グーズ
ウズラ	鹌鹑	アンチュン
アヒル	鸭子	ヤーズ
ウズラの卵	鹌鹑蛋	アンチョンタン
ピータン	皮蛋	ピータン
塩漬け卵	咸蛋	シエンダン
アヒルの卵	鸭蛋	ヤーダン

魚介類　河鲜，海鲜类　ホーシェン、ハイシェンレイ

アオウオ	青鱼	チンユィー
タウナギ	鳝鱼	シャンユィー
イカ	墨鱼	モーユィー
海蟹	青蟹	チンシエ
ウナギ	鳗鱼	マンユィー
カワエビ	河虾	ホーシア
車エビ	明虾・基围虾	ミンシア　ジーウェイシア
ザリガニ	小龙虾	シァオロンシア
マテガイ	竹圣　圣子	ヂョーチン　チンズ

生鮮食料品

| 食用カエル
牛蛙
ニウワー | シャコ
赖尿虾
ライニァオシア |

| サーモン
三文鱼
サンウエンユィー | タチウオ
带鱼
ダイユィー | いしもち
黄鱼
ホアンユィー | マナガツオ
鲳鱼
チャンユィー |

| ホタテ貝
扇贝
シャンベイ | アサリ
蛤蜊
グーリ | タニシ
田螺
ティエンルオ | スッポン
甲鱼
ジァーユィー |

| カキ
牡蛎
ムーリ | 鯉
鲤鱼
リーユィー | スルメイカ
鱿鱼
ヨウユィー |

| 豆腐
豆腐
トウフ | 湯葉
豆皮
ドウピー | 凍り豆腐
冻豆腐
ドンドウフ | 絹ごし豆腐
白玉豆腐
バイユィードウフ |

| 押し豆腐
豆腐干
ドウフガン | 厚揚げ
油豆腐
ヨウドウフ | カビ付き豆腐
臭豆腐
チョウドウフ | 生麩
烤麸
カオフー |

料理　お酒　食材　乾物・調味料　お菓子　単位・数字他

単語集

食材

野菜

	ウイキョウ 茴香 ホンシアン	
赤だいこん 心里美 シンリーメイ	**ザーサイ** 榨菜 ヂャーツァイ	**じゃがいも** 土豆 トゥードゥ 
まこも 茭白 ジョウパイ	**ターサイ** 塌菜 ターツァイ	**にんじん** 胡萝卜 フールオボ 
れんこん 藕 オウ 	**里芋** 芋艿 ユィーナイ	**きゅうり** 黄瓜 ホアングア 
茄子 茄子 チエズ 	**キャベツ** 洋白菜 ヤンバイツァイ	**中国セロリ** 芹菜 チンツァイ
鶏毛菜 鸡毛菜 ジーマオツァイ 	**さつまいも** 白薯 / 山芋（上海） バイシュー　シャンユィー	**ヘチマ** 丝瓜 スーグァ

66

野菜		
つるむらさき 落葵 ルオクゥイ		
黒くわい 荸荠/地力(上海) ビーチー ディーリー	**レタス** 生菜 シヨンツァイ	**シロツメグサ** 草头 ツァオトウ
長ネギ 大葱 ダーツォン 	**白菜** 白菜 バイツァイ 	**いんげん** 扁豆/刀豆(上海) ビエンドウ ダオドウ
もやし 豆芽 ドウヤー 	**豆苗** 豆苗 ドウミァオ	**カボチャ** 南瓜 ナングア 
春菊 蓬蒿菜 ポンハオツァイ	**マッシュルーム** 蘑菇 モーグー	**枝豆** 毛豆 マオドウ
ちしゃとう 莴笋 ウォースン	**ほうれん草** 菠菜 ボーツァイ 	**ササゲ** 豇豆/长豇豆(上海) ジァンドウ チャンジアンドウ

料理 / お酒 / 食材 / 乾物・調味料 / お菓子 / 単位・数字他

単語集

食材／乾物・調味料

野菜	にんにく 大蒜 ダースアン

ショウガ 姜 ジァン	ソラマメ 蚕豆 ツァンドウ

大根 萝卜 ルオボ	ズッキーニ 西葫芦 シーフール	黄ニラ 韭黄 ジウホアン
花菲 韭菜花 ジウツァイホア	ヒユ 苋菜 / 米苋（上海） シエンツァイ　ミーシエン	香菜 香菜 シアンツァイ
ニンニクの芽 蒜苗 スアンミァオ	アブラナ 油菜 ヨウツァイ	小ネギ 小葱 シアオツォン
ブロッコリー 西兰花 シーライホア	ニガウリ 苦瓜 クーグア	

乾物・調味料

きくらげ	干し椎茸
木耳	香菇
ムーアル	シャングー

干しえび・小さし	海苔	餅
虾米・开洋	紫菜	年糕
シアミー　カイヤン	ズーツァイ	ニエンガオ

春雨	寒天	金華ハム	中国ソーセージ
粉丝	琼脂	金华火腿	香肠
フェンスー	チオンヂー	ジンホアフォトエイ	シアンチャン

塩漬け肉	緑豆	あずき
咸肉	绿豆	红豆
シエンロウ	リュードウ	ホンドウ

雪菜	ニンニクの甘酢漬け	米
雪菜・雪里蕻	糖蒜	大米
シュエツァイ シュエリーホン	タンスアン	ダーミー

もち米	アワ	小麦粉	かたくり粉
糯米	小米	面粉	生粉
ヌオミー	シァオミー	ミエンフェン	ションフェン

単語集

食材／乾物・調味料

乾物・調味料

干し貝柱	干贝	ガンベイ
乾麺	干面	ガンミエン
ハスの実	莲子	リエンズ
ソーダ	碱	ジエン
ザーサイ	榨菜	ヂャーツァイ
漬物（醤油漬け）	酱菜	ジァンツァイ
たまり醤油	老抽	ラオヂョウ
料理酒	料酒	リァオジウ
化学調味料	味精	ウェイジン
鶏スープの素	鸡精	ジージン
ごま油	香油・麻油	シァンヨウ　マーヨウ
黒酢	香醋	シァンツウ
氷砂糖	冰糖	ビンタン
みそ	黄酱	ホアンジァン
ウースターソース	辣酱油	ラージャンヨウ
ゴマペースト	麻酱	マージャン
大豆油	豆油	ドウヨウ
菜種油	菜油	ツァイヨウ
ピーナッツオイル	花生油	ホアシュンヨウ
マヨネーズ	沙拉酱	シャーラージャン

70

乾物・調味料

白酢	白醋	バイツウ
米酢	米醋	ミーツウ
はちみつ	蜂蜜	フォンミー
オイスターソース	蚝油	ハオヨウ
甘みそ	甜面酱	ティエンミエンジャン
ケチャップ	番茄沙司	ファンチエシャース
トマトペースト	番茄酱	ファンチエジャン
コショウ	胡椒	フージアオ
唐辛子みそ	辣椒酱	ラージアオジャン
唐辛子	辣椒	ラージアオ
八角	大料	ダーリャオ
花山椒	花椒	ホアジャオ
シナモン	肉桂	ロウグイ
クローブ	丁香	ディンシアン
フェンネル	茴香	ホイシァン
ラー油	红油	ホンヨウ
五香粉	五香粉	ウーシァンフェン
陳皮	陈皮	チェンピー
わさび	辣根	ラーゲン
ナツメグ	肉豆蔻	ロウドウコウ

料理　お酒　食材　乾物・調味料　お菓子　単位・数字他

71

単語集

お菓子

お菓子	月餅 月饼 ユエビン	杏仁風味のくず湯 杏仁茶 シンレンチャー
草もち 清团 チントアン	緑豆のあんこ入り菓子 绿豆糕 リュードウガオ	くるみじるこ 核桃露 ホータオルー
ゆで白玉団子 汤圆（北京）・ 元宵（上海） タントゥアン　ユエンシァオ	肉入りゆで白玉団子 鲜肉汤圆 シエンロウタントゥアン	ゴマ付きパイ 蟹壳黄 シエクーホアン
八宝飯 八宝菜 バーパオファン	白玉のこうじ入りスープ 酒酿圆子 ジウニァンユエンズ	果物のスープ 水果羹 シュイグオガン
杏仁豆腐 杏仁豆腐 シンレンドウフ	サンザシの飴がらめ 糖葫芦 タンフールー	きなこ団子 驴打滚 リューダーグン
ココナッツ団子 爱窝窝 アイウォーウォー	ひき肉月餅 鲜肉月饼 シエンロウユエビン	回族流ドーナッツ 炸焦圈 ヂャージァオチュア

お菓子

エッグタルト 蛋挞 ダンター	サンザシの羊羹 金糕 ジンガオ

おしるこ 红豆汤 ホンドゥタン	味付き干しソラマメ 五香豆 ウーシャンドウ	タピオカココナッツミルク 西米露 シーミールー
とうもろこし粉のおかゆ 面茶 ミエンチャー	かき氷 刨冰 バオビン	レモンパイ 柠檬派 ニンムンパイ
クリームケーキ 奶油蛋糕 ナイヨウダンガオ	シュークリーム 奶油泡夫 ナイヨウパオフー	マロンシャンテリー 鲜奶栗子蛋糕 シエンナイリーズダンガオ
エクレア 哈斗 ハードウ	アップルパイ 苹果派 ピングオパイ	カレーパフ 咖喱饺 カーリージャオ
ビスケット 饼干 ビンガン		チョコレートサンデー 巧克力圣代 チョークォリーションダイ

料理 / お酒 / 食材 / 乾物・調味料 / **お菓子** / 単位・数字他

単語集

お菓子／単位・数字他

お菓子

ホイップクリーム	シュバルツベルダー キルシュトルテ	ジャンクフード
掼奶油 クアンナイヨウ	黑森林 ヘイスンリン	零食 リンシー

飴	チョコレート	ポテトチップ
糖 タン	巧克力 チョークォリー	薯片 シューピエン

クッキー	ガム	中国梅干し
曲奇 チューチー	口香糖 コウシアンタン	话梅 ホアメイ

グミ	おでん	ビーフジャーキー
橡皮糖 シアンピータン	熬点 アオディエン	牛肉干 ニウロウガン

タネ	アイスクリーム	アイスキャンディー
瓜子 グアズ	冰淇淋 ビンチーリン	冰棍 ビングン

味の表現

とても〜	〜すぎる	ちょっと〜
很〜	太〜	有点〜
ヘン	タイ	ヨウディエン

甘い
甜
ティエン

塩辛い
咸
シエン

辛い
辣
ラー

苦い
苦
クー

酸っぱい
酸
スアン

(味が)薄い
淡
タン

味が良い、おいしい
鲜
シエン

香りがいい、おいしい
香
シアン

臭い
臭
チョウ

生臭い
腥
シン

脂っこい
油腻
ヨウニー

あっさりしている
清淡
シンタン

甘酸っぱい
酸甜
スアンティエン

固い
硬
イン

柔らかい
嫩
ネン

パリパリしている
脆
ツゥイ

料理 / お酒 / 食材 / 乾物・調味料 / お菓子 / 単位・数字他

単語集

味の表現

あまり〜ない	〜でない
不太〜	不〜
ブータイ	ブー

サクサクしている 酥 スゥ	味がよく口に合う 美味可口 メイウェイクーコウ	見栄えが上品 美观大方 メイグアンダーファン
すがすがしい旨味で口当たりが良い 清鲜利口 チンシエンリーコウ	まったりとして味が良い 浓鲜味美 ノンシエンウェイメイ	
さくさくで香り高く 脆香可口 ツゥイシャンクーゴウ	滋有豊富 富有营养 フーヨウインヤン	酒が進む格好の肴 下酒佳肴 シアジウジャーヤオ
突出した味と香り 特有风味 トゥーヨウフォンウェイ	まったりとしながらもしつこくなく 浓鲜不腻 ノンシエンブーニー	全ての味が調和している 五味调和 ウーウェイティアオホー
外はさくさく中はしっとり 外酥里嫩 ワイスゥリーネン	焦げ目の食感が素晴らしい 焦酥鲜美 ジアオスゥシエンメイ	

単位・数字他

単位

これを〜ください	いくらですか？
给我〜	多少钱？
ゲイウォー	ドゥオシャオチエン

まけてください	〜碗	〜皿	〜人前
便宜一点吧	碗	盘	客份
ピエンイーイーディエンバ	ワン	パン	クー フエン

〜ビン	〜カン	〜セット	〜グラム
瓶	听	套	克
ピン	ディン	タオ	クー

〜キロ	〜両	〜斤	〜匹(鳥類)
公斤	两	斤	只
ゴンジン	リァン	ジン	ギー

〜匹(魚類)	〜本(揚げパンなどの長いもの)	〜大きなかたまりのもの
条	根	块
ティアオ	ゲン	クアイ

〜杯	〜袋	〜包み	〜セイロ(小龍包など)
杯	袋	包	笼
ベイ	ダイ	バオ	ロン

料理 / お酒 / 食材 / 乾物・調味料 / お菓子 / 単位・数字他

単語集

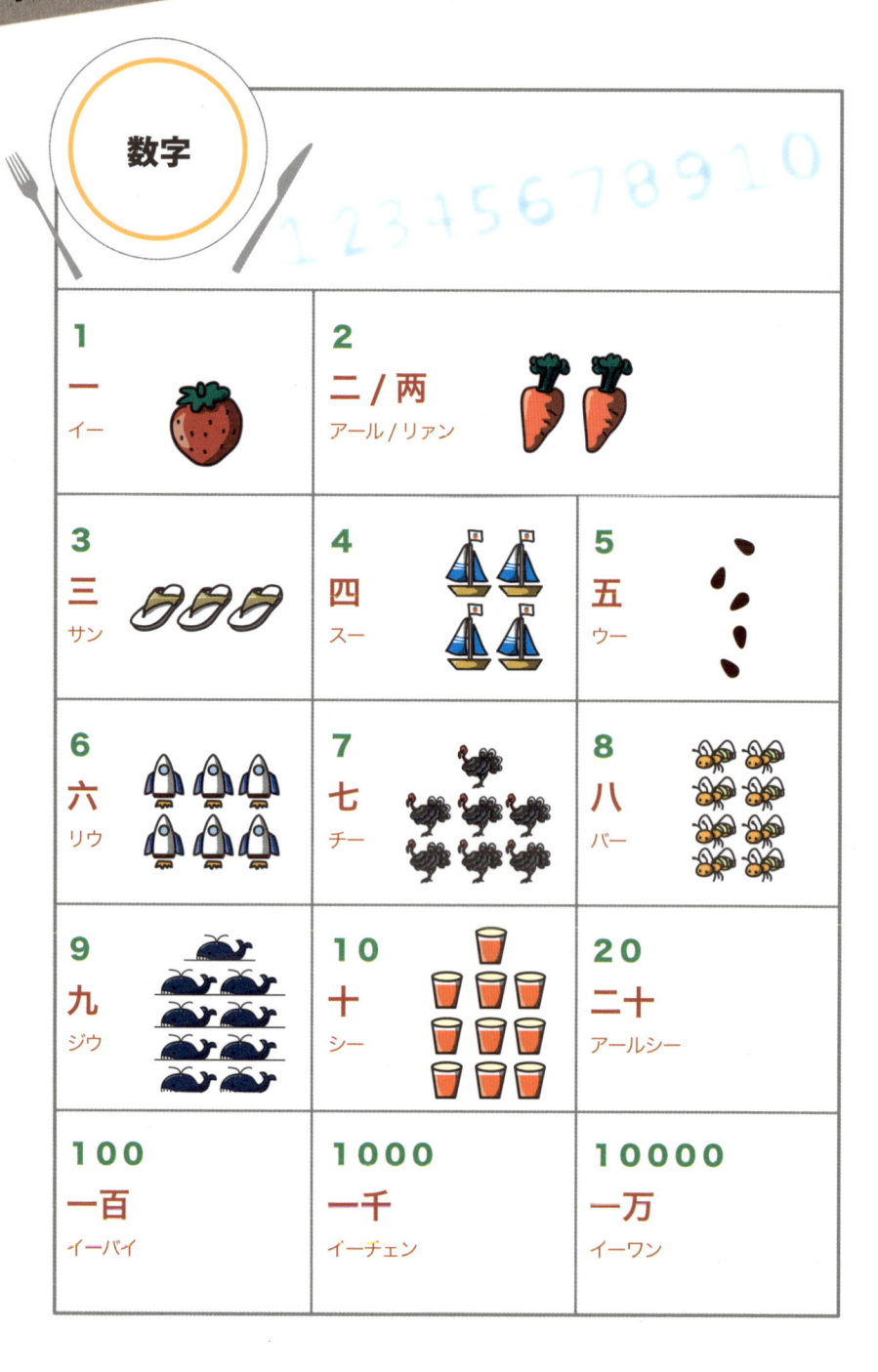

単位・数字他

数字

1234567890

1 一 イー	**2** 二 / 两 アール / リァン	
3 三 サン	**4** 四 スー	**5** 五 ウー
6 六 リウ	**7** 七 チー	**8** 八 バー
9 九 ジウ	**10** 十 シー	**20** 二十 アールシー
100 一百 イーバイ	**1000** 一千 イーチェン	**10000** 一万 イーワン

イラスト／デザイン　姫苺
　　　企画協力　（株）エビデンス

YUBISASHI
なりきり会話練習帳

中国
食べ歩き

編　著	情報センター出版局
発行者	田村隆英
発行所	株式会社情報センター出版局

〒 160-0004　東京都新宿区四谷 2-1　四谷ビル
電話　03-3358-0231
振替　00140-4-46236
URL：http://www.4jc.co.jp
　　　http://www.yubisashi.com

EVIDENCE CORPORATION

2012 年 8 月 11 日　第 1 刷

印刷製本　モリモト印刷株式会社
©2012 Joho Center Publishing　ISBN 978-4-7958-4893-1

落丁本・乱丁本はお取り替えいたします。
＊「旅の指さし会話帳」および「YUBISASHI」は株式会社情報センター出版局の登録商標です。
＊「YUBISASHI」は国際商標登録済みです。

おかげさまで450万部突破！
大好評の「旅の指さし会話帳シリーズ」一覧

【旅の指さし会話帳】

#	タイトル	価格
1	タイ [第三版]	1,400 円
2	インドネシア [第三版]	1,400 円
3	香港 [第三版]	1,400 円
4	中国 [第三版]	1,400 円
5	韓国 [第三版]	1,400 円
6	イタリア [第三版]	1,400 円
7	オーストラリア [第二版]	1,300 円
8	台湾 [第二版]	1,300 円
9	アメリカ [第二版]	1,300 円
10	イギリス [第二版]	1,300 円
11	ベトナム [第二版]	1,500 円
12	スペイン [第三版]	1,400 円
13	キューバ	1,700 円
14	フィリピン [第二版]	1,400 円
15	マレーシア [第二版]	1,400 円
16	モンゴル	1,700 円
17	フランス [第二版]	1,300 円
18	トルコ [第二版]	1,500 円
19	カンボジア [第二版]	1,800 円
20	ドイツ [第二版]	1,300 円
21	JAPAN [英語版]	1,500 円
22	インド	1,500 円
23	ブラジル	1,500 円
24	ギリシア	1,500 円
25	ネパール	1,800 円
26	ロシア	1,700 円
27	JAPAN [韓国語版]	1,500 円
28	メキシコ	1,600 円
29	オランダ	1,600 円
30	スウェーデン	1,800 円
31	デンマーク	1,800 円
32	カナダ	1,500 円
33	JAPAN [中国語（北京語）版]	1,500 円
34	ハワイ	1,300 円
35	フィンランド	1,800 円
36	チェコ	1,800 円
37	上海	1,400 円
38	シンガポール	1,500 円
39	エジプト	1,700 円
40	アルゼンチン	1,700 円
41	アフガニスタン	1,600 円
42	北朝鮮	1,700 円
43	ニューヨーク	1,400 円
44	ミャンマー	1,800 円
45	北京	1,400 円
46	イラク	1,800 円
47	モロッコ	1,800 円
48	オーストリア	1,700 円
49	ハンガリー	1,800 円
50	ルーマニア	1,800 円
51	アイルランド	1,800 円
52	ポルトガル	1,700 円
53	ジャマイカ	1,800 円
54	ニュージーランド	1,500 円
55	モルディブ	1,800 円
56	スリランカ	1,800 円
57	ノルウェー	1,800 円
58	ポーランド	1,800 円
59	西安	1,600 円
60	ケニア	1,800 円
61	グアム	1,300 円
62	ペルー	1,700 円
63	雲南	1,600 円
64	ラオス	1,800 円
65	チベット	1,800 円
66	ベルギー	1,500 円
67	KYOTO [京ことば]	1,500 円
68	サイパン	1,300 円
69	JAPAN [スペイン語版]	1,500 円
70	タヒチ	1,800 円
71	スイス	1,600 円
72	イラン	1,800 円
73	クロアチア	1,800 円
74	バリ	1,300 円
75	パキスタン	1,800 円
76	南インド	1,800 円
77	チュニジア	1,800 円
78	ドバイ	1,500 円
79	JAPON [フランス語版]	1,500 円
80	スロバキア	1,800 円
	東南アジア [9ヵ国]	1,500 円
	ヨーロッパ [9ヵ国]	1,500 円

【ビジネス指さし会話帳】

#	タイトル	価格
1	中国語	1,500 円
2	英語	1,500 円
3	タイ	1,500 円
4	台湾華語	1,500 円
5	韓国語	1,500 円

【暮らしの日本語指さし会話帳】

1	フィリピン語版	1,500 円
2	ポルトガル語版	1,500 円
3	中国語版	1,500 円
4	英語版	1,500 円
5	韓国語版	1,500 円
6	スペイン語版	1,500 円

【食べる指さし会話帳】

#	タイトル	価格
1	タイ	1,200 円
2	韓国	1,200 円
3	ベトナム [第二版]	1,500 円
4	台湾	1,500 円
5	中国	1,500 円
6	フランス	1,500 円
7	イタリア	1,500 円
8	インドネシア	1,700 円
9	JAPANESE FOOD	1,500 円

【遊ぶ指さし会話帳】

ダイビング（英語）	1,500 円

【恋する指さし会話帳】

1	英語編	1,400 円
2	フランス語編	1,500 円
3	フィリピン語編	1,800 円
4	韓国語編	1,500 円
5	インドネシア語編	1,500 円

【旅の指さし会話帳 国内編】

#	タイトル	価格
1	沖縄	1,400 円
2	大阪	1,400 円

【旅の指さし会話帳 mini】

韓国	グアム
中国	ベトナム
タイ	スペイン
イタリア	バリ
フランス	英語
ハワイ	上海
香港	ドイツ
台北	JAPAN [英語版]

各 680 円

【ワンテーマ指さし会話 とっておきの出会い方シリーズ】

- 韓国×鉄道
- 韓国×マッコリ酒場
- 韓国×雑貨
- 韓国×ビューティ
- 韓国×カフェ
- 韓国×K-POP

各 880 円

【YUBISASHI COMICS】

韓国エンタメ会話帳	1,200 円

シリーズ続々刊行予定！　価格はすべて税別